Knud Hammerschmidt

Schritt für Schritt
Eine Gebrauchsanleitung für den Jakobsweg
Von der Planung bis
zu den ersten Schritten auf dem Weg

AF176476

Knud Hammerschmidt, geboren 1963 in
Duisburg, lebt in München und schreibt aus Leidenschaft.
Als erfahrener, mehrfacher Pilger kennt er einige der
Jakobswege, die durch Spanien und Portugal führen.
Besonders gut gefällt ihm das wildromantische Galicien.
Veröffentlicht hat er bislang den deutsch-
sprachigen, amüsanten Caminoguide
"Ohne Schmerz kein Halleluja" (BoD Verlag, 2012) und
den englisch-sprachigen Guide "Dude looks like a Pilgrim"
(BoD Verlag, 2014), den Roman "Das Lächeln am Rand
der Welt" (2020, bei twentysix) und die Shortstorys
"Seven Songs of Summer" (2021, bei tredition)

Schritt für Schritt

Eine Gebrauchsanleitung

für den Jakobsweg

Knud Hammerschmidt

Schritt für Schritt
Eine Gebrauchsleitung für den Jakobsweg

„Der Weg ist immer besser als die schönste Herberge"
Miguel Cervantes

© 2022 Knud Hammerschmidt

Titelfoto: Knud Hammerschmidt
Autorenfoto: Michael Matynka – The Wise Pilgrim Portrait
Project
Bibliografische Information der Deutschen Nationalbibliothek:
Die Deutsche Nationalbibliothek verzeichnet diese Publikation in
der Deutschen Nationalbibliografie, detaillierte bibliografische
Daten sind im Internet über dnb.dnb.de abrufbar.
Titelfoto: Knud Hammerschmidt
Autorenfoto: Michael Matynka – The Wise Pilgrim Portrait
Project
Herstellung und Verlag:
BoD – Books on Demand, Norderstedt
ISBN: 9783756219810

Sowas ähnliches wie ein Vorwort

2012 habe ich mich breitschlagen lassen,
den Jakobsweg zu gehen.
Es war nicht gerade so, dass es sich dabei um
einen Lebenstraum gehandelt hätte. Die Freude
am Wandern war mir nämlich bereits 1976, bei
einem Familienurlaub in Oberstdorf, abhanden-
gekommen. Und so stand ich also, knapp zwei
Wochen bevor es losgehen sollte, vor einigen
Fragen. Von „was brauch ich dafür" über „wie
komm ich dahin" bis hin zu „wie find ich mich
da zurecht". Erfreulicherweise ließen sich alle
halbwegs wichtigen Fragen tatsächlich
beantworten. In den Jahren darauf bin ich dann
doch noch einige Jakobswege mehr gegangen
und vorläufig ist kein Ende in Sicht.
Als Administrator mehrerer Facebook Gruppen
zum Camino sind mir im Lauf der Jahre die
erstaunlichsten Fragen begegnet.
Auf manche wär ich nie gekommen und auf
manche war ich echt nicht vorbereitet. Es ist
praktisch unmöglich auf die, zum Teil schon sehr
speziellen, Fragen im Rahmen eines Buches, wie
diesem hier, einzugehen.

Was ich hier aber tun kann, ist auf die häufigsten Fragen einzugehen. Auf die Fragen, die sich fast jeder werdende Pilger stellt. Fragen nach dem Wie, was, wo, womit, wann und wie.

Und damit das möglichst einfach und über-Sichtlich ist, findest du hier eine Art Bedienungsanleitung, die so ähnlich funktioniert, wie die Bastel-Instruktionen von IKEA und Konsorten. Einfach Schritt für Schritt. Und hoffentlich auch unterhaltsam.

Und…glaub mir: Es ist alles nur halb so wild.

Bis dahin – Buen Camino!

Gebrauchsleitung, Instructions for use, Mode d'emploi, Instrucciones de uso:

Schritt für Schritt - Wo geht´s denn hin?

Das gilt nicht nur beim Pilgern und Wandern. Sondern auch für die Vorbereitung.

Daher stellt sich als allerstes die Frage: **Wo soll´s denn hingehen?**

Es gibt ja nicht nur einen Jakobsweg, sondern etliche, die letzten Endes alle nach Santiago de Compostela führen. Um nun den richtigen Weg für dich zu finden, solltest du dir zwei Fragen stellen und beantworten.

Erstens: Willst du bei deinem ersten Jakobsweg in Santiago ankommen?

Und – wieviel Zeit hast du dafür?

Wenn du es nicht eilig hast und in mehreren zeitlichen Abschnitten, womöglich über Jahre verteilt, nach Santiago gelangen willst, dann kannst du theoretisch von überall aus starten. Sogar vor deiner Haustür.

Wenn du dir aber, so wie ich bei meinem ersten Weg, nicht sicher bist, ob du das jemals wieder machen wirst, dann ist es natürlich schön und sinnvoll auch in Santiago de Compostela anzukommen.

Eins vorweg: Es gibt nicht DEN vordefinierten Startpunkt. Wenn du z.B. nur zwei Wochen Zeit hast, dann rechne pro Lauftag dein Pensum (der gesunde Durchschnitt liegt zwischen 20 und 25 km pro Tag. Mal mehr, mal weniger). So kannst du, beispielsweise von Leon aus, Santiago in 13 – 14 Tagen erreichen. Die Distanz beträgt rund 320 km. Eine Strecke von 800km lässt sich also, je nach eigenem Pensum, in 30 – 40 Tagen bewältigen. Ein wenig Pufferzeit, für An- und Abreise oder einen Ruhetag in einer schönen Stadt einzuplanen, ist immer sinnvoll.

Da nicht nur deine Zeitvorgabe entscheidend ist, sondern auch deine Vorlieben, fällt manchem die Wahl zwischen den Jakobswegen etwas schwer. Die wichtigsten Wege, mit ihren Vor – und Nachteilen stelle ich dir hier mit kurzen Fakten vor.

Übrigens:

Lass dich nicht von subjektiven Aussagen, die du hörst oder liest, bei deiner Wahl des Weges beeinflussen! Beurteilungen wie „total überlaufen", „touristisch", „schwierig", „zu einsam" usw. usw. sind Meinungsäußerungen und spiegeln nicht unbedingt die Realität wieder! Und „Hörensagen"-Meinungen zählen schon mal gar nicht.

Auf jedem der Wege hat der Pilger die Möglichkeit für sich allein zu sein oder die Gesellschaft anderer Pilger zu genießen.

Camino Frances - Der Klassiker

Beginnt offiziell in Saint Jean Pied de Port und führt durch die Regionen Navarra, Rioja, Kastilien-Leon und Galicien. Gesamte Länge: rund 800 km. Gilt als der beliebteste und am meisten begangene Weg.

Von allen Wegen hat der Camino Frances die beste und vielfältigste Infrastruktur. Nirgendwo sonst findet man mehr Herbergen und auch Möglichkeiten unterwegs in den Weg einzusteigen. Natürlich ist er gut besucht, aber das verteilt sich. Selbst auf den letzten 100 km kann man durchaus für sich bleiben, wenn man das will.

Besonderheiten: Der internationalste aller Wege. Wenn du Freude daran hast, Menschen aus aller Herren Länder kennenzulernen, bist du hier richtig. Der abwechslungsreichste Weg, was die unterschiedlichen Landschaften betrifft und, natürlich, ein echter Kulturweg.

Städte wie Pamplona, Logroño, Burgos, Leon und Astorga, durch die man unterwegs kommt, sind Kulturhighlights mit erstaunlichen, wunderbaren Baudenkmälern. Und auch sonst bietet der Weg einige ästhetische und kulturelle Highlights. Für den einen sind dies entzückende Kleinstädte wie Santo Domingo de la Calzada, für den anderen das legendäre Cruz de Ferro, die Templerburg von Ponferrada oder verwunschene Dörfchen in den galicischen Wäldern.

Für wen geeignet?

Im Prinzip für Jede/n, der sich eine mehrtägige Wanderung zutraut.

Wen trifft man da?

Einen repräsentativen Durchschnitt der Weltbevölkerung in allen Altersgruppen von 18 – 80.

Stimmung?

Von meditativ über besinnlich bis hin zur Fiesta ist jede Stimmungslage möglich.

Ideale Jahreszeit: März bis Oktober. Winterwandern ist auch hier möglich, allerdings ist dann die Infrastruktur etwas dünner, da manche Herberge geschlossen hat.

Ergänzung: Zum Camino Frances führt ein alternativer Weg, der Camino Aragonés. Dieser beginnt am Somport Pass und stößt nach 100 km auf den Francés. Der Aragonés gilt als wildromantisch und relativ wenig begangen.

Camino Portoguese – ein weiterer Klassiker

Durch Portugal führen mehrere Jakobswege, zum Beispiel von Tavira oder Lissabon aus. Der bekannte, offizielle Weg beginnt in Porto und verzweigt sich in die Varianten Caminho de la Costa und Caminho Central. Die letztere

Variante gilt als der offizielle portugiesische Klassiker.

Länge: 240km (der zentrale Weg) und 260 km (der Weg an der Küste) Bei Valenca stoßen die Varianten, kurz vor der spanischen Grenze wieder aufeinander.

Geh-Dauer: im Schnitt 11-12 Tage, je nach Kondition. Der Portuguese gilt als leicht und, mit wenigen kleinen Ausnahmen, als anspruchslos. Zumindest was die Höhenmeter betrifft, kann man das bejahen. Er gilt auch als ein kulinarischer Weg. Die portugiesische Küche ist ausgesprochen lecker und der ausgeprägten Konditorkunst hat es manch ein Pilger zu verdanken, dass er auf dem Weg kräftig zugenommen hat. Die Infrastruktur ist gut, man kann seine Etappen meist sehr gut selbst planen und variieren.

Besonderheiten: In Portugal kommt man gut mit Englisch klar, die Portugiesen sind in diesem Punkt etwas sprachbegabter als ihre Nachbarn. Sehr beliebt bei deutschen, amerikanischen und englischen Pilgern. Der Portuguese ist ein Wohlfühlweg. Nicht zuletzt wegen der Gastfreundschaft der Portugiesen. Kulturelle

Highlights finden sich bereits am Startpunkt: Porto ist es wert, erkundet zu werden! Aber auch Orte wie Barcelo, Valenca und Tui sind optische und kulturelle Höhepunkte.

Für wen geeignet?

Für jeden, der gern mit Genuss wandert und kein Fan von Bergwanderungen ist. Also eigentlich für jeden.

Wen trifft man da?

Vorwiegend Pilger aus Portugal, Brasilien, Deutschland, Großbritannien und natürlich den USA.

Genusswanderer, Yogis, Studienräte, Naturfreunde, Gourmets, Landschaftsmaler und Menschen zwischen 25 und 80. Der Altersdurchschnitt liegt gefühlt etwas höher, als auf dem Francés.

Stimmung?

Entspannt, kulturbeflissen, heiter. Kulinarische Exzesse sind möglich.

Ideale Jahreszeit: April bis Oktober. Durch die Nähe zum Atlantik kann es bis in den März, manchmal sogar bis in den Mai hinein, noch recht frisch und kühl sein. Windig ist es meistens, zumindest in Atlantiknähe.

Camino Ingles - der Kurze

Der Ingles hat zwei Startpunkte. In Á Coruña und in Ferrol. Der Weg von Á Coruña ist relativ kurz mit knapp 75 km und ermöglicht es auch nicht eine Pilgerurkunde, die Compostela, zu erhalten.

Denn dafür muss man mindestens 100 km zu Fuß nach Santiago zurücklegen. Daher ist der Startpunkt Ferrol der beliebtere von beiden. Von Ferrol nach Santiago sind es knapp 115 km.

Der Ingles ist kurz und kann in 5-6 Tagen begangen werden. Er ist aber auch knackig. Auf einigen Etappen geht es stetig bergauf und man hat doch einige Höhenmeter zu knacken.

Obendrein ist der Ingles ideal für alle, die im Anschluss noch nach Finisterre wandern möchten und nur rund zwei Wochen Zeit haben.

Die Infrastruktur ist angemessen, wenngleich es in manchen Orten sinnvoller ist, eine preiswerte Pension zu wählen, statt einer Herberge. Wer dort nicht gerade im Hochsommer wandert, kann sogar den ganzen Tag allein durch die galicischen Wälder schlendern, ohne einen anderen Pilger zu treffen. Ich habe erst am Abend andere Pilger zu Gesicht bekommen. Die vorgegebenen Etappenziele decken sich fast immer mit dem eigenen Pensum.

Besonderheiten: Ein landschaftlich sehr reizvoller und abwechslungsreicher Weg. Die galicischen Fjorde (hier Riás genannt), die Misch- und Eukalyptuswälder und auch die kleinen heideartigen Hochebenen sind eine Wohltat für die Seele. Orte wie Pontedeume und Betanzos runden den Weg mit ihrem Charme und ihren Baudenkmälern ab. Der Start am Atlantik in Ferrol ist ein weiterer Grund diesen Weg zu mögen.

Für wen geeignet?

Naturfreunde, Edelweißpiraten, Wandervögel, Yogis, Individualisten, Misanthropen und jeden, der gern mal am Wochenende in den Bergen von Hütte zu Hütte wandert, ohne Alpinist zu sein. Und für Fans des ländlichen, unverfälschten Galicien. Der Ingles ist nach wie vor ein wenig frequentierter Weg und entsprechend unverkrampft. Man sollte es mögen, stundenlang keinem Menschen zu begegnen.

Wen trifft man da?

Oftmals stundelang niemanden. Ansonsten: Einheimische, Künstler, Individualisten, Pilger zwischen 20 und 80. Als Nationen besonders vertreten sind Spanier, Deutsche, Briten, Kanadier und gelegentlich US Bürger.

Stimmung?

Heiter, gelassen, gemütlich und romantisch. Der Ingles vermittelt ein Gefühl wie Eichendorffs „Aus dem Leben eines Taugenichts"

Ideale Jahreszeit: Mitte April bis Oktober.

Camino del Norte – Der Küstenweg

Der Norte oder auch Camino de la Costa beginnt offiziell in Irun, kurz hinter der französischen Grenze, im Baskenland. Bis nach Santiago sind es rund 825 km. Manch einer beginnt erst ein paar Kilometer später in San Sebastian. Nicht zuletzt, weil San Sebastian als einer der schönsten Orte Spaniens gilt, über eine überdurchschnittlich exzellente Gastronomieszene verfügt und an einer fabelhaft schönen Bucht liegt. Der Norte gilt allgemein als anstrengender als der Camino Francés.

Es gilt auch deutlich mehr Höhenmeter zu bewältigen. Dennoch gewinnt er mehr und mehr an Popularität. Landschaftlich gilt er als einer der schönsten Wege nach Santiago. Er führt durch das Baskenland, Kantabrien, Asturien und Galicien. Die Infrastruktur ist gut, hat allerdings nicht ganz mit der wachsenden Popularität Schritt gehalten. Das macht sich besonders in den Sommermonaten bemerkbar, wenn der Großteil der Pilger unterwegs ist. Dann gilt es auf manchen Etappen entweder in Privatherbergen zu reservieren oder sich nach Alternativen, wie Pensionen umzuschauen.

Die Etappen sind, wie auf dem Francés, frei gestaltbar, da alle paar Kilometer ein Ort kommt.

Besonderheiten: Die Bergwelt, die Blicke auf die Küste, Strände, wie der legendäre La Concha in San Sebastian, interessante Städte und Orte mit viel Kultur und Geschichte. Als Beispiele seien hier nur mal San Sebastian, Gernika, Bilbao und Santander genannt.

Für wen geeignet?

Für so gut wie jeden, der einigermaßen fit ist und gern wandert. Eine gewisse Grundsportlichkeit sollte vorhanden sein, allerdings haben auch schon ältere Semester den Norte gemeistert.

Wen trifft man da?

Die Pilger, die den Francés schon kennen und diejenigen, die sich hartnäckig weigern den

Francés zu betreten. Genusspilger, Menschen die es lieben, auf das Meer zu schauen, Bergfexe, Kunstfreunde, Aktionskünstler, Surfer, Blogger, Erstpilger, die glauben, dort wäre es ruhiger als auf dem Camino Frances und Pilger aller Nationen zwischen 18 und 75.

Stimmung?

Vergleichbar mit dem Francés. Es gilt die Devise: Alles kann – nichts muss.

Ideale Jahreszeit: April bis Oktober

Camino Primitivo – der Ursprüngliche

Er gilt als der Erste. Und er gilt als der anspruchsvollste Weg. Der Primitivo ist die Königsklasse unter den nordspanischen Wegen, obwohl er nur 320 km lang ist. Dafür hat er einiges an Höhenmetern zu bieten. Die Gelehrten streiten sich, ob es nun 10.000 oder rund 12.000 Höhenmeter sind, die da rauf und runter durch Asturiens und Galiciens grüne Bergwelt führen. Fakt ist, der Primitivo ist einer der schönsten Wege. Angeblich besteht er seit der Zeit von Alfons dem Keuschen, der als Begründer von Santiago de Compostela gilt. Also seit dem 8. Jahrhundert. Die Infrastruktur ist sehr gut.

Herbergen und Betten gibt es ausreichend und alle paar Kilometer kommt man an einen Ort. Die Etappen lassen sich individuell gestalten. Die durchschnittliche Zeit für den Primitivo liegt bei 13-14 Tagen. Der Startpunkt liegt in Oviedo.

Besonderheiten: eine wunderbare Landschaft, abwechslungsreich und sattgrün. Viele nette Orte am Weg, die einiges an Schönem für das Auge und das kulturbeflissene Herz zu bieten haben. Nach meiner Erfahrung auch sehr zuvorkommende und sympathische Einheimische. Die Stadt Lugo ist einen Extratag wert.

Für wen geeignet?

Halbwegs fit sollte man sein, es geht oft bergauf und bergab. Das ist, meiner Erfahrung nach, keine Frage des Alters. Auch auf dem Primitivo trifft man Pilger über 70.

Wen trifft man da?

Pilger, die vom Norte herübergewandert sind, geübte oder erfahrene Pilger, Bergfexe, Genusspilger, Wanderer, Pilger aus der ganzen Welt. Wer den Primitivo geht, ist meistens entweder bereits pilgererfahren oder hat

Erfahrung im Langstrecken- oder Bergwandern. Wer es gern etwas ruhiger mag, aber nicht ganz auf Gesellschaft verzichten möchte, ist hier richtig. Das Altersspektrum bewegt sich durchschnittlich zwischen 18 und 70.

Stimmung:

Handfest. Lässig, gemütlich, international , wildromantisch, gelegentlich weinselig und manchmal wie auf einer Berghütte mitten im Karwendel am Abend.

Ideale Jahreszeit: Mitte April bis Mitte Oktober

Der Vollständigkeit halber:
Via de la Plate – der Längste.

Womöglich auch der einsamste und heißeste. Er beginnt in Sevilla. Es gibt außerdem Zubringer von Málaga und Granada.

Mit rund 1000 km Länge führt er durch den Süden Spaniens bis hoch in den Norden nach Santiago. Und somit natürlich auch durch unterschiedliche Klimazonen. Weil er tief im Süden beginnt, ist er natürlich auch für, die bei uns, kühlere Jahreszeit geeignet. Die Via gilt nicht als Weg für Anfänger. Man sollte schon wandererfahren sein und auch mal tagelang gut allein klar kommen können, bevor man sich auf diesen Weg begibt. Die Etappen sind seltener frei gestaltbar, einfach weil die Distanzen zwischen den einzelnen Etappenzielen häufig relativ weit sind. Bis Salamanca, so heißt es, ist man oft allein unterwegs.

Besonderheiten: Ein Weg, der vom Süden nach Norden führt und Spanien der Länge nach durchquert, ist an sich schon etwas Besonderes. Mit Sevilla startet man bereits in einem Kulturhighlight. Für diese Stadt sollte man im Zeitplan mindestens einen Tag extra einplanen. Verschiedene Klimazonen und Landschaften. Zeitliche Einschränkungen: Im Hochsommer durch Andalusien und die trockene Extremadura zu gehen, ist nicht jedermanns Sache und kann Gefahren bergen. Die meisten Pilger gehen den Weg daher im Frühjahr oder Spätsommer.

Für wen geeignet? Erfahrene Pilger und Wanderer mit einer guten Konstitution, die auch mal Etappen über 30 km bewältigen können.

Wen trifft man da? Vorwiegend erfahrene Wanderer aus Spanien, Frankreich, Italien, Deutschland, den Niederlanden und Südamerika. Die Quote der Radpilger beträgt rund 50%. Die

Frauenquote ist, im Vergleich zu anderen Wegen, deutlich niedriger.

Stimmung? Abenteuerlich. Handfest. Traditionell spanisch.

Mein persönlicher, subjektiver Tipp, wenn es dein allererster Camino werden soll: Um das Feeling einzufangen, Kultur zu genießen, andere Pilger kennen zu lernen und das besondere Gefühl zu erleben, in Santiago einzulaufen: Als ersten Weg würde ich immer wieder den Camino Frances empfehlen.

Der Portoguese wäre übrigens meine zweite Wahl. Aber das ist wirklich nur meine persönliche Meinung.

Eine kleine Hilfe für die Zeit – und Streckenplanung

Wo du starten kannst, um innerhalb einer bestimmten Zeit in Santiago de Compostela anzukommen. Km Angaben sind ca.

Zeit	Start in:	Camino	KM
6-7 Tage	Ferrol	Camino Ingles	115
6-7 Tage	Tui	Camino Portuguese	116
6-7 Tage	Sarria	Camino Francés	115
14 Tage	Leon	Camino Francés	320
14 Tage	Oviedo	Camino Primitivo	320
11 – 14 Tage	Porto	Camino Portuguese	240 - 260
20 -21 Tage	Burgos	Camino Francés	500
25 Tage	Logroño	Camino Francés	630
22 – 25 Tage	Santander	Camino del Norte	570
27-29 Tage	Bilbao	Camino del Norte	680
32-35 Tage 34-38 Tage	Saint-Jean & Irun	Camino Francés Camino del Norte	800 800

Für den Weg von Santiago nach Finisterre oder Muxía benötigst du, je nach Tagespensum 3-4 Tage.

Plane am besten zu deinen reinen Lauftagen immer einen An- und Abreisetag ein, sowie einen Puffertag.

Anreise: Wie kommt man wohin?
Die Frage ist nicht so ganz pauschal zu beantworten. Es kommt ja auch immer darauf an, von wo man kommt. Aber es gibt hilfreiche Werkzeuge im Internet, die dabei helfen von A nach B zu gelangen.
Einen ersten Überblick gibt die Seite **Rome2Rio.com**.
So kann man z.B. Saint-Jean-Pied-de-Port auf den unterschiedlichsten Wegen erreichen. Je nach Abreiseort kommen die Pilger per Bahn, Bus oder in Teilabschnitten auch mit dem Flugzeug an. **(Im Anhang findest du alle mir bekannten Links, die dir helfen anzureisen oder innerhalb Spaniens von einem Ort zum anderen zu gelangen.)**
Sobald du weißt, wohin es gehen soll und ab wo du anreist, kannst du z.B. bei Rome2rio nachschauen, welche Möglichkeiten sich bieten.
Im nächsten Schritt schaust du bei den Flugbuchungsmaschinen im Web nach den

passenden Verbindungen und Preisen. Natürlich gilt das auch für die Website der Bahn oder Fernreisebusse wie Flixbus, falls du den Landweg bevorzugst. So kann man Saint-Jean über Flüge nach Biarritz, Bilbao, Madrid, Pamplona, San Sebastian mit Anschlüssen über Bus und Bahn oder sogar über Paris mit Umsteigen per Zug erreichen. Da sich die Reisemöglichkeiten immer wieder ändern und auch die Anbieter mal wechseln können, macht es wenig Sinn, hier Verbindungen aufzuführen. Die Vorbereitung und Planung ist auch ein Teil der Pilgerreise. Und steigert die Vorfreude.

Ein paar Tipps zur Flugbuchung und Reiseplanung

Flüge kann man One-Way oder Hin- und zurück buchen.

Dann und wann macht es aber auch Sinn mal das Thema **„Gabelflüge"** zu prüfen. Was ist ein Gabelflug?

Wikipedia lässt uns dazu folgendes wissen:

Ein Gabelflug (auch Open Jaw Flight, abgekürzt OJ) ist eine Variante einer Flugreise, bei der der Passagier nicht von dem Flughafen zurückfliegt, auf dem er angekommen ist. Der Zielort des Hinfluges ist also mit dem Startort des Rückfluges nicht identisch. Gabelflüge werden meist dann gebucht, wenn der Reisende im Zielland eine Strecke mit einem anderen Verkehrsmittel zurücklegt. In der Praxis sieht das so aus: Hinflug München – Madrid, Rückflug Santiago-München. Das macht meist nur Sinn; wenn es sich um ein und dieselbe Airline handelt. Kann aber deutlich günstiger sein, als zwei separate Flüge zu buchen.

Weil praktische Beispiele immer leichter verständlich sind, als akademisches herum-theoretisieren - So sah einer meiner Reisepläne aus: *Flug von München nach Madrid. In Madrid mit dem Nahverkehrszug (Station im Flughafen) zum Fernbahnhof Chamartin. Dort mit dem AVE (Schnellzug) nach Leon.*

Alternativ hätte ich auch einen Bus am Airport Madrid besteigen können und nach Leon fahren. Der Zug war aber schneller.

Zu Fuß von Leon nach Santiago. In Santiago dann mit dem Flugzeug nach Madrid, Umsteigezeit 50 Minuten in das Flugzeug nach München. Da alles mit Iberia Express durchgeführt wurde, bot sich hier der Gabelflug an.

Hilfreich sind auch immer die Websites der Flughäfen. Oft mit guten Übersichtsplänen.

Hier eine Liste der relevanten Flughäfen in Spanien und Portugal:

BCN Barcelona International Airport
MAD Adolfo Suárez Madrid–Barajas Airport Madrid
BIO Bilbao Airport
SCQ Santiago de Compostela Airport
OVD Asturias Airport Oviedo
LCG A Coruña Airport La Coruña
SDR Santander Airport Santander
PNA Pamplona Airport Pamplona
VIT Vitoria-Gasteiz
OPO Porto
LIS Lissabon
AGP Málaga Airport
SVQ Sevilla Airport
GRX Federico Garcia Lorca Airport Granada

Die Sache mit den Umsteigezeiten:

Es hat seine Vor – und Nachteile, wenn die Zeit bis zum Anschlussflug relativ kurz ist.

Sobald dein erster Flug nur ein wenig Verspätung hat, kann es eng werden. Falls nicht – wunderbar, du kommst ziemlich schnell an dein Ziel. Aber: *Je kürzer die Umsteigedauer, desto höher das Risiko, dass dein aufgegebenes Gepäck nicht mit dir gemeinsam das Ziel erreicht.* Immerhin muss es aus einem Flugzeug ausgeladen und in ein weiteres geladen werden, was bei Umsteigezeiten unterhalb von 2 Stunden oft nicht funktioniert.

Darum macht es Sinn den Rucksack als Handgepäck mit in die Kabine zu nehmen. Die Fluggesellschaften haben da leicht voneinander abweichende Vorgaben, die man auf deren Websites findet. Aber pauschal kann man sagen, dass ein Handgepäckstück mit 8 kg, einer Höhe von 55 cm, einer Breite von 40 cm und einer Tiefe von 23 cm den Vorgaben entspricht.

Tipp: Mit einem normalen Koffergurt lässt sich auch ein 50Liter+ Rucksack auf Handgepäck-Format bringen. Hat bei mir bislang immer geklappt.

Die Ausrüstung: Was man unterwegs braucht und was nicht.

Das Lieblingsthema aller Neu-Pilger ist die Packliste. Tja.

Gehen wir mal davon aus, dass du komplett bei null anfängst.

Dann sind die 3 wichtigsten Sachen, um die du dich zuerst kümmern solltest, die **Schuhe, Wandersocken und der Rucksack.**

Der Schuh:

Die Frage welcher Wanderschuh denn der richtige ist, kann man ebenso wenig beantworten, wie die Frage, welche Jeans dir am besten steht. Um den für dich passenden Wanderschuh zu finden, gehe bitte in ein Fachgeschäft oder einen Sportbekleidungsladen. Stell dir vorher die Frage, ob du trittsicher bist, ob deine Gelenke Unterstützung brauchen oder ob du zu Blasen neigst, Platt-, Senk- oder Spreizfüße hast. Oder einen Halux oder einen hohen Rist. Und – benötigst du Einlagen? Der ideale Schuh für unterwegs sollte dir Sicherheit geben, dich bei unwegsamen Gelände oder Geröll stützen, deinem Fuß angepasst sein und, im Schnitt, 1-2

Nummern größer sein als normal. Warum? Weil 1. Deine Füße beim Gehen anschwellen und 2. die etwas dickeren Socken auch Platz beanspruchen. Auch als Einlagenträger muss man das unbedingt bedenken und testen. Bergschuhe brauchst du nicht. Wenn dann Wanderschuhe oder Trekkingschuhe. Ob Halbschuhe oder bis über den Knöchel reichend, musst du selbst entscheiden. Ich selbst bevorzuge Wanderstiefel, die den Knöchel stützen und mir Halt im Fußbett geben. Da ich zu Senk und Spreizfuß neige, muss auch noch Platz für gute Einlagen sein. Zu Einlagen sei noch bemerkt: **Selbst wer sonst keine Einlagen trägt, ist mit diesen auf Langstrecken gut beraten.** Da gibt es günstige und gute Einlagen in Drogeriemärkten und Apotheken, die das Fußbett von unten stützen und polstern.

Wenn du also nach dem passenden Schuh suchst – nimm Einlagen und Wandersocken mit, damit du den Schuh gleich unter den passenden Bedingungen anprobieren kannst.

Selbst der bestpassendste Schuh braucht ein wenig Einlaufzeit, allein schon um das Material etwas geschmeidiger zu machen und deinem Fuß anzupassen. Ob Leder, Kunststoff, Goretex oder was auch immer – ist wieder von deinem persönlichen Empfinden abhängig.

Ergänzend möchte ich anmerken, dass es auf Jakobswegen nichts gibt, was es nicht gibt. Ich habe dort Pilger in Sandalen, Flipflops, Turnschuhen, Mokassins, Crocs, Barfuß-Schuhen, Cowboystiefeln, Bikerboots, Espadrilles und barfuß gesehen. Der überwiegende Teil trug allerdings Wanderschuhe.

Wandersocken:
Das Thema ist erfreulicherweise keine so große Wissenschaft wie der Schuh. Sie sollten gut sitzen, nicht rutschen, möglichst nicht verkrumpeln beim Tragen und angenehm zu tragen sein. Ob nun aus Kunstfaser, Merino oder Wolle ist Geschmackssache. Gute Wandersocken gibt es in allen Preisklassen. Teste einfach mal ein paar preiswerte und ein paar hochwertige Socken im Vorfeld, um zu sehen, wie du klar kommst. Mischfasern haben den Vorteil die Form zu behalten und nicht so arg zu miefen wie reine Kunstfasern.

Es gibt sogar welche mit eingewebten Aluminiumfasern, die geruchshemmend sein sollen. Zwischen zweieurofünfzig und dreißigeuroaufwärts ist am Markt alles vertreten, was du dir vorstellen kannst. Viele erfahrene Pilger sind mit preiswerten Socken aus dem Supermarkt, vom Kaffeeröster oder vom Sportdiscounter rundum zufrieden.

Der Rucksack

So wie beim Schuh gibt es keine pauschale Produktempfehlung. Und auch hier gilt: Vor Ort, im Sportgeschäft/Fachhandel anprobieren.

Ein paar Tipps, um das richtige zu finden, gibt es natürlich dennoch. Anders als beim Backpacking braucht man kein Riesenvolumen. Das ideale Volumen liegt zwischen 30 Litern+ und 50 Litern+. Wichtig ist, dass der Rucksack beim Tragen auch gut auf der Hüfte aufliegt. Denn die Hüfte trägt einen Teil des Gewichts und entlastet so Rücken und Nacken. Daher richtet sich das Volumen bei dem einen oder anderen auch nach der Körpergröße. Ein kleiner Rucksack, der nicht die Hüfte erreicht, wird ausschließlich vom Rücken und Nacken getragen. Das kann schmerzhaft werden. Der Rucksack sollte eine stabilisierende Rückenplatte haben. Ohne diese sackt der Inhalt nach vorn und zieht den Rucksack vom Rücken weg, was sehr unangenehm für den Nacken und die Schultern sein kann. Den Sitz der Schulterriemen und die Verstellbarkeit der Riemen sollte man im Geschäft unbedingt testen. Am besten in einem T-Shirt, um zu sehen, ob die Riemen nicht irgendwo scheuern. Für die meisten Pilgerinnen empfehlen sich daher auch unbedingt auf Frauen und ihre Anatomie ausgelegte Modelle.

Beim Testen eines Modells: Alle Riemen sollten erstmal locker sein. Dann aufsetzen und die Hüftflossen so platzieren, dass sie wirklich auf dem Kamm des Beckenknochens sitzen. Hüftgurt festziehen und dann die Schultergurte. Der Schulterträger –Ansatz sollte jetzt zwischen den Schulterblättern liegen. Falls nicht, kann es sein, dass die Rückenlänge nicht passt. Die Schultergurte sollten noch etwas Spiel bieten. Danach den Brustgurt schließen. Fest, aber nicht zu fest. Die Verstellriemen helfen dir den Rucksack deinem Körpergefühl anzupassen. Das Gewicht des Rucksacks ist übrigens weniger entscheidend, als man glauben mag. Gut, er sollte im Schnitt nicht viel schwerer sein, als 1,8 Kilo. Schon wegen des Gewichts deiner Ausrüstung. Aber zu leichte Rucksäcke, und das habe ich getestet, neigen leider auch zu Instabilität, was sich wieder negativ auf den Trage-Komfort auswirkt. Mein aktuelles Modell wiegt (Tara) knapp 1700 Gramm und trägt sich sehr angenehm.

Zusätzliche Tragehilfen:
Bauch oder Hüfttaschen. Was auf der Hüfte getragen wird, schmerzt nicht am Rücken! Gewichtige kleine Dinge, wie z.B. der Wanderführer, das Handy, die Kamera, eine Powerbank oder dein Pilgerpass passen womöglich gut in eine Bauch- oder Hüfttasche. Außerdem kannst du diese Sachen dann immer leicht erreichen. Das gilt auch für einen Flaschenhalter. Ich trage einen mit einer Flasche für unterwegs immer an der rechten Hüfte, ähnlich wie ein Cowboy seinen Colt. Das ist praktisch und nimmt Gewicht vom Rücken. Gibt's da, wo es auch Rucksäcke gibt.

Rucksäcke mit Wasserspendersystem.
Braucht man das auf einem Camino? Nein.
(Außer auf der Via de la Plata vielleicht) Diese
Systeme haben bestimmt ihre Berechtigung,
wenn man unter Zeitdruck einen Marathon durch
die Berge läuft oder durch die Wüste wandert. In
der zivilisierten Welt des Jakobswegs, wo man
im Schnitt alle 5 km auf eine Bar stößt, ist das
überflüssiger Ballast. Und man hat es natürlich
mal wieder auf dem Rücken.
Hinzu kommt, dass man diese Systeme
regelmäßig reinigen muss. Mir persönlich ist das
zu viel Gefummel und Gepfriemel. Es ist absolut
unnötig mit mehreren Litern Wasser auf dem
Rücken durch Spanien zu spazieren.

Was nimmt man mit? Dein Gepäck.
Das Gewicht ist der entscheidende Maßstab. Die
Faustformel lautet: Ohne Proviant und Wasser
maximal 10% vom Körpergewicht. Was bedeutet
das? Alles was du dabei hast, sollte möglichst
leicht sein. Das gilt für die Bekleidung, die
Unterwäsche und für sämtlichen Kleinkram.
Einen Großteil des Gewichts machen übrigens
immer Hygieneartikel und medizinisches

Zubehör aus. Je nach Jahreszeit kann die Bekleidung variieren. Ich konzentriere mich hier auf die Zeit zwischen April und Oktober. Man braucht nicht unbedingt etwas extra für die warmen und die kalten Tage. Das „Zwiebelprinzip" ist da schon sehr hilfreich. Wenn's mal richtig fröstelt, einfach ein bis zwei Lagen mehr anziehen.

Meine Packliste sieht so aus:

Bekleidung:

3-4 Paar Wandersocken, 4 Paar Unterhosen (Briefboxer), 2 x Tank-Top 2x T-Shirt, zwei Longsleeves, 1 Wanderhose, und 1 Ersatzhose (letztere kann eine Kurze oder Lange sein, es geht auch die Kombi Running Tight (bzw. Yogapant)und kurze Hose, 1 x Wanderschuhe, 1x leichte Sandalen, Crocs oder Flipflops, 2-3 x Buff, 1x Hut, eine leichte wattierte Kunststoffweste oder Jacke (Da gibt es superleichte, die kaum Platz wegnehmen und doch sehr warm halten), 1 x Regenjacke oder Poncho (je nach Geschmack – Hauptsache leicht und gut komprimierbar) Auch hier kann man z.B. Weste und Regenjacke an kühlen Tagen gut kombinieren.

Schlafen:

1x Schlafsack (Je leichter und kleiner, desto besser, also eher Kunststoff als Daune), 1x Seiden Inlett (wärmt notfalls zusätzlich und hilft auch als Bettbezug, wenn das Herbergsbett mal etwas suspekt wirkt. Wiegt so gut wie nichts.)

Kosmetik, Hygiene, Medikamente:

Vorweg bemerkt: Es gibt zu fast allem ein Kleingebinde in jedem Drogeriemarkt!

1x Seife, 1x Shampoo-Seife, 1x Rasieröl (auch gut für Körperrasur geeignet!), 1 Rasierer und 3 Ersatzklingen, 1 x Zahnpasta, Zahnbürste, 1 kleiner Deo Stift, 3-4 kleine Päckchen feuchtes Toilettenpapier, 1 kleines Fläschchen Eau de Toilette (ein wenig Luxus muss sein!),

1 Auswahl an Pflastern, 2 elastische Mullbinden, 1 Set an Blasenpflastern, ein paar Tabletten und Pillen gegen Durchfall, Kopfschmerzen und Magenbeschwerden, (als Grundausstattung – Apotheken gibt's überall),2 x kleine Sonnencremes und 1 x Aftersun, 1 kleine Tube Vaseline, 1 x Salbe für die Füße. (Entweder der Klassiker Hirschtalgsalbe oder Urea-Creme – ich

bevorzuge letztere), 1x Jodsalbe, 1 x Zink(Wund)Salbe, Magnesiumpulver und Vitamin C. (Die Letzteren einfach täglich ins Trinkwasser geben)

Sonstiges:

1-2 Meter Paketband (Seil – sehr vielseitig nutzbar), 2-3 Wäscheklammern, ein kleines Nähset, 2 – 3 Sicherheitsnadeln, Notizbuch, Bleistift, Kugelschreiber, nachfüllbare Wasserflasche, Taschenmesser (kauft man am besten vor Ort, wegen der Flughafenkontrollen), Powerbank, Handy, (Kamera?), Ladekabel, Pilgerpass, Brieftasche/Portemonnaie, ein paar (Stoff)Taschentücher. Wer körperlich dafür anfällig sein sollte: Kniestützende Binden oder Einlagen können hilfreich sein.

An Verbrauchsgegenständen wie Medikamente, Hygieneartikel etc. braucht man nur die Basis Ausstattung. Man kann überall etwas nachkaufen. Ibuprofen 600 bekommt man rezeptfrei in jeder Apotheke.

Anstelle eines klassischen Kosmetiktäschchens empfehle ich Zip-lock Beutel. Einen für Medikamente, einen für Kosmetik, einen für Pflaster und Co.

Was man sonst noch mitnehmen könnte, aber auch gut und gerne zuhause lassen kann:

Sehr beliebt in Backpackerkreisen und auch bei manchen Wanderern sind **Thermomatten.** Diese sind natürlich nützlich, wen man sich in der freien Natur oder im Zelt halbwegs bequem niederlegen möchte. Auch wenn man mal gezwungen sein sollte auf einem Herbergsboden zu nächtigen, wegen Bettenmangel, sind Thermomatten toll. Allerdings braucht man sie auf einem Camino so gut wie nie. Daher kann man sich das wirklich dreimal überlegen, ob man eine solche Matte mitnimmt. Wenn es darum geht, dann und wann eine Unterlage zu haben, wenn man so im Freien irgendwo herumsitzt, gibt es leichtere und weniger sperrige Alternativen. Zum Beispiel so eine Aluminiumfolie, die man im Winter benutzt, um die Frontscheibe eines Autos eisfrei zu halten. Ist kleiner, leichter und besser zu verstauen.

Ich selbst habe auch schon mal eine (Reise)Yogamatte mitgenommen. Ich hab sie auch benutzt, ein paar Mal. Es wäre aber auch sehr gut ohne gegangen.

Das zweite Paar Schuhe.

Es ist bestimmt schön, abends in einer Stadt, wie Pamplona, in ein Paar Sneakers oder Ballerinas zu schlüpfen. Ist aber wieder zusätzliches Gewicht und nimmt auch Platz weg. Die meisten haben außer ihren Wanderschuhen bestenfalls ein Paar Sandalen, Flipflops oder Crocs dabei.

Föhn, Lockenstab, Epiliergerät usw.

In vielen Herbergen, vorwiegend ein bis zwei Etappen hinter den beliebtesten Einstiegsorten, finden sich Kartons und Boxen, die voll mit Föhn und Co. sind. Die vormaligen Eigentümer(innen) haben sich zugunsten eines angenehmeren Rucksacktragegefühls von dieser schweren Habe getrennt. Also überleg dir das wirklich sehr, sehr gut, ob es wirklich dieses Equipment braucht.

Gaskocher, Campinggeschirr, etc.

Nur mitnehmen, wenn du auch ein Zelt mit dabei hast. Herbergen sind meist ausreichend ausgestattet und alle 5 km kommt eine Kneipe.

Wer unbedingt, warum auch immer, zelten möchte: denk dran – wild Zelten ist in Spanien bestenfalls geduldet. Und das Pilgerfeeling in den Herbergen, die Gemeinschaft an sich, hast du beim Zelten auch nicht. Manche Herbergen lassen Camper in ihren Gärten zelten, wollen aber dennoch einen Obolus dafür, immerhin benutzt der Camper ja auch vermutlich die Herbergsinfrastruktur. Das WC oder die Dusche, z.B.

Kleiner Tipp:

Falls du eine Kofferwaage besitzt, pack deinen Rucksack mal zur Probe und wieg ihn. Ich komme (ohne die kleinen und manchmal schwereren Dinge, die ich in der Hüfttasche mit mir trage) meist auf rund 5,8–6,5 Kilo. Ohne Wasser natürlich.

Intermezzo: Bitte kurz durchatmen.

Gut, du weißt, wohin du willst, du hast deine Anreise gebucht, deine Ausrüstung ist komplett, der Rucksack ist getestet und zur Probe gepackt worden. Was jetzt? Irgendwas Wichtiges fehlt dir doch noch?

Der Pilgerpass oder auch das Credencial

Das ist so was wie das Alpha und Omega des Pilgers. Ohne Credencial keine Übernachtung in der Herberge. Und somit auch keine Pilgerurkunde! Das Credencial ist der Beleg dafür, wirklich Pilger zu sein und alles zu Fuß gelaufen zu haben. Bewiesen wird dies durch Stempel (Sellos), die es in Kirchen, Museen, Bars und natürlich den Albergues, den Pilgerherbergen gibt.

Vor Ort kann man die Credenciale in allen großen Orten auf dem Weg bekommen, viele Herbergen haben Credenciale vorrätig. Man bekommt sie auch in vielen Kirchen und Kathedralen oder Touristikinformationen.

Man kann sie aber auch schon in Deutschland bestellen. Es gibt einige, sehr rührige und hilfreiche Jakobusgesellschaften, bei denen man die Pilgerausweise bestellen kann und auch sonst viele wertvolle Infos erhält. Z.B die Jakobusfreunde Paderborn,

die Fränkische Jakobus Gesellschaft Würzburg e.V., die Jakobusgemeinschaft Rohrdorf e.V., oder die Schwäbische Jakobusgesellschaft. Die Adressen und Infodaten findest Du problemlos im Internet. Das Gleiche gilt natürlich für Österreich und die Schweiz. Es ist empfehlenswert und ein gutes Gefühl alles beisammen zu haben. Im Anhang findest du einige Links zu **Webseiten von Jakobus Gesellschaften**, bei denen du den Pilgerausweis und auch Infomaterial bestellen kannst.

Der Pilgerpass ist natürlich auch ein schönes Souvenir. Vielen Pilgern ist er wichtiger als die Urkunde, die man in Santiago erhält.

Auf den letzten 100 km empfiehlt es sich mindestens zwei Stempel pro Tag zu haben, das Pilgerbüro in Santiago legt da mittlerweile gesteigerten Wert drauf. Wer nur die letzten 100 km geht, braucht die 2 Stempel pro Tag auf jeden Fall, wenn er/sie Wert auf die Pilgerurkunde/Compostela legt.

Wer mehr als 100 km läuft bzw. mehr als 200 km radelt oder reitet, der braucht nur 1 Stempel pro Tag! Ich persönlich liebe diese Stempelei unabhängig vom „Muss" und sammele was ich erwischen kann.

Die Compostela erhält der Pilger dann in Santiago, sie ist das „Diplom", das den Pilgerstatus beweist. In Spanien sind die Compostelas auch deswegen sehr begehrt, weil sie gern einer Bewerbung im Lebenslauf beigefügt werden. Wer mehrere hundert Kilometer zu Fuß unterwegs ist, beweist Durchhaltevermögen.

Jetzt aber?
Ja, im Prinzip… schon. Eine Frage stellt sich noch: **Trekkingstöcke oder Wanderstab?** Die Meinungen sind hier so vielfältig, wie nur sonst was.
Trekkingstöcke sind hilfreich. Punkt. Manch einer mag es nicht mit 2 Stöcken, wie ein vergesslicher Skifahrer, durch die Gegend zu laufen. Wer so denkt und dennoch nicht auf eine gewisse Stütze verzichten möchte, sollte einen einzelnen Wanderstab in Erwägung ziehen. Man findet sie auf allen Jakobswegen, entweder in einem Eisenwarenladen (Ferreteria), einem asiatischen Supermarkt (Chino-Market), in Souvenirläden, am Wegesrand oder, oder, oder. Wer Stabilität benötigt und seine Gelenke

entlasten will, sollte die Trekkingstöcke in Erwägung ziehen.

Ein Problem bringen die Trekkingstöcke mit sich: man kann sie nicht im Handgepäck mit ins Flugzeug nehmen, sondern man muss sie als Gepäck aufgeben.

Und das bringt uns zur nächsten Frage: Gepäck aufgeben oder als Handgepäck mit in die Kabine nehmen?

Wer mit dem Zug und Bus anreist, dem stellt sich diese Frage nicht. Ok, ich wiederhole mich, dennoch:

Wer fliegt, sollte bezüglich des Gepäcks ein paar Dinge bedenken.

Ist es ein Direktflug oder ein Umsteigeflug? Bei Direktflügen kann man getrost sein Gepäck aufgeben. Es sei denn, man will später keine Zeit am Gepäckband verlieren.

Beim Umsteigen sieht es schon anders aus. Besonders dann, wenn die Umsteigezeit kurz ist.

Es ist nicht unbedingt Verlass darauf, dass dein Rucksack gemeinsam mit dir deinen Zielflughafen zur gleichen Zeit erreicht. Es ist schon häufiger vorgekommen, dass ein Pilger mal 2 Tage auf sein Gepäck gewartet hat. Daher mein Rat: Umsteigeflüge immer mit Handgepäck. Handgepäck bedeutet auch eine höhere zeitliche Flexibilität. Angenommen, du landest relativ spät und möchtest noch den letzten Bus in die Stadt erwischen. Wenn du jetzt am Gepäckband wartest, verlierst du wertvolle Zeit.

Die Gepäckmaße: Jede Airline ist da ein wenig anders. Aber im Durchschnitt gilt für Hand-gepäck – max. 8 kg und die Maße 55 x40 x23.

Mit einem handelsüblichen Koffergurt kann man auch einen 50+ L Rucksack problemlos auf das geforderte Maß bringen.

Aber jetzt!
Ach ne, eine Sache haben wir noch vergessen.
Die erste Übernachtung. Oft ist es ja so, dass man erst am Nachmittag oder später am Startort eintrudelt. Oder sich diesen noch ansehen will.
In dem Fall gilt: Gönnt Euch! Herbergen habt ihr noch zur Genüge. Gönnt Euch eine nette Pension oder ein Hotel für die erste Nacht, bevor es losgeht. Vorteil: Ihr könnt euren ganzen Kram noch mal richtig neu durchsortieren und am

nächsten Morgen wohlgemut wie Eichendorffs Taugenichts los spazieren.

Einfach von daheim über eine Website wie booking. com oder hrs.de oder so buchen.

Jetzt? Jetzt!

So. Du bist vor Ort und läufst los. Wie orientierst du dich?

Wo geht es lang?

Am einfachsten: immer den anderen Pilgern hinterher ☺.

Aber im Ernst: die Orientierung zu verlieren ist so gut wie unmöglich. Alle paar hundert Meter findest du entweder einen gelben Pfeil (meist mit Pinsel irgendwo hingemalt) oder eine Jakobsmuschel (eine Kachel oder aus Metall, im Boden eingelassen), die dir den Weg weisen.

Im Zweifelsfall musst du einfach immer nach Westen gehen.

In den Wanderführern zum Camino aus dem Outdoor- oder Rother- oder Kompassverlag sind die Wegführungen obendrein noch beschrieben. Manchmal so gut, dass der Pilger an der schieren Informationswut des Autors verzweifelt, das Buch zuklappt und gen Westen geht, bis er auf einen weiteren Pfeil trifft. Meines Wissens hat sich noch niemand dort verlaufen. Zumindest nicht in einem nennenswerten Maß.

In den meisten Wanderführern findest du auch Hinweise zu Herbergen in den jeweiligen Orten und auch zu Bars, Supermärkten, etc. etc.

Diese Hinweise sind naturgemäß nie vollständig.

Informationen zu Herbergen und Co. findest du entweder vor Ort, oder in einigen praktischen Apps (Diese ändern sich ja auch stets) Daher: gebe im Appstore einfach wahlweise Jakobsweg, Camino Frances/ Norte/ Primitivo/ Portuguese etc. ein und du findest die aktuellsten Apps. Im Anhang findest du die Apps, die ich bislang genutzt habe.

Wer keine App nutzen will: Es gibt auch gedruckte Listen zu Herbergen, sogar mit Kontaktdaten. Zum Beispiel bei diversen Jakobsweg-Gesellschaften. (Links im Anhang)

Etappenplanung

Lass es anfangs mal ruhig angehen. 20 KM am Tag schaffen die meisten auch ohne Training. Nach kurzer Zeit bist du bei einem Tagesschnitt von 25 km. Ein gesunder Durchschnitt von 25 – 30 km am Tag ist machbar und ermöglicht Dir außerdem noch etwas von Deiner Umgebung mitzubekommen.

In Einzelfällen kann die Etappe auch mal kürzer oder länger sein. Hör einfach auf Deinen Körper und arbeite mit ihm, nicht gegen ihn. Bei einer durchschnittlichen Laufgeschwindigkeit von 4 – 5 km pro Stunde, alle Stunde bis anderthalb 10 Minuten Erholungspause und einer ausgedehnten Mittagspause schaffst Du 25 Kilometer in gemütlichen 7- 8 Stunden. In den ersten Tagen wird es noch hart, danach fühlst Du Dich fit genug, um auch mal eine längere Etappe einschieben zu können.

Ein kleiner Tipp: Lauf nicht unbedingt mit der Horde und folge nicht immer den Etappenvorschlägen im Wanderführer. (OK, manchmal lohnt es sich schon.) Die weniger prominenten Zwischenetappenziele sind ebenfalls schön und meistens nicht so überlaufen. Nimm dir einfach ein bestimmtes Ziel vor und geh darauf zu. Sei bereit für Planänderungen und geh das Ganze entspannt an. Nutze die vorhandene Infrastruktur, an der du vorbei kommst. Besonders auf den ländlichen Etappen kann es passieren, dass es ein - zwei Tage dauern kann, bis man einen Geldautomaten findet. Wasser, Bars und irgendwas zu essen findest du eigentlich immer. Spätestens nach 5 km. Einige wenige Ausnahmen bestätigen die Regel. Das kriegst du aber vorher schon mit und kannst dich entsprechend mit Wasser und Proviant vorsorglich eindecken.

Unterkunft – wo bettet der Pilger sein müdes Haupt?
Die Herbergen
Es gibt private, kommunale bzw. städtische (municipal), von Jakobsweg Vereinen geführte und kirchliche Herbergen. In Galizien gibt es dann noch die der galizischen Landesregierung (Xunta Gallega) Die meisten schließen ihre Pforten abends um 22.00h. Die Kirchlichen

Herbergen sind auch meist die günstigsten, aber nicht immer die besten.

In den klassischen Pilgerherbergen (offizielle Gemeinde oder Xunta-Albergue und die Privaten) kannst Du mit Preisen zwischen 6.- und 12.- € pro Bett im Durchschnitt rechnen.

Preiswerte Pensionen und Hostales gibt es bereits ab durchschnittlich 15 - 25.-€ für das Einzelzimmer. Ausnahmen bestätigen wie üblich die Regel.

Manche Herbergen bieten Verpflegung, manche die Möglichkeit zu kochen, viele verfügen über die Möglichkeit Wäsche zu waschen und unter den Privaten bieten auch etliche einen Waschservice. Es entstehen Jahr für Jahr neue Herbergen, von denen viele in den offiziellen Verzeichnissen noch nicht erfasst worden sind. Oft kommt dem Pilger auf dem Weg ein Auto entgegen, das sich auf Werbetour für die Albergue befindet und Infoflyer verteilt. Die Privaten sind mit durchschnittlich 10.-€ zwar etwas teurer als die kommunalen und kirchlichen, bieten dafür aber oftmals auch deutlich mehr Service und Infrastruktur. WiFi (W-Lan) ist mittlerweile in vielen Herbergen

Standard.   Manche Herbergen arbeiten auf Spendenbasis. Sogenannte **Donativos**.

Dazu muss man zwei Dinge wissen:
Spende bedeutet nicht „Umsonst" Auch hier sollte man fürs Bett wenigstens einen 5er dalassen und fürs Essen und Wein natürlich ebenfalls eine angemessene Summe. Niemand kann einen Schnorrer leiden.
Donativos sehe ich oft zweischneidig: Einerseits ist es eine schöne, alte Tradition. Und viele der alten Donativo Albergues zählen zu den Pionieren des Caminos und tragen wesentlich zu Atmosphäre und Authentizität bei. Andererseits sind Donativos nicht steuerpflichtig. Was ich als unfairen Wettbewerbsvorteil gegenüber einem ordentlich angemeldeten und Steuern zahlenden Gewerbetreibenden empfinde. Das ist allerdings meine persönliche Wahrnehmung der Sache, die du nicht unbedingt teilen musst.

Das leibliche Wohl – Der Mensch lebt nicht vom Brot allein…
Die Verpflegung unterwegs. Wie bereits zu erahnen war, ist es tatsächlich möglich auf dem

Camino etwas zu essen zu bekommen. Es gibt wirklich alle paar Kilometer eine Bar, eine Kneipe, einen Imbiss und auch Restaurants. Insofern besteht nie Mangel. Etliche Herbergen bieten auch ein Pilgermenu inklusive Wein, was manchmal günstiger kommen kann als die Selbstversorgung. Wer es etwas sparsamer angehen möchte, kann in vielen Herbergen, vorwiegend den Gemeindeherbergen und Municipales auch kochen. Die Supermarktpreise sind in Spanien und Portugal ähnlich wie bei uns, in manchen Fällen auch günstiger. Sehr schön geeignet zum Einkaufen sind auch die Tiendas. Das ist ein Mittelding zwischen Café, Bar und Tante Emma laden.

Der Tagesablauf
eines Pilgers ist ein klein wenig anders, als im normalen Leben.
Die Kurzformel „Walk, eat, sleep, repeat" bringt es recht gut auf den Punkt. Während du zuhause morgens früh unter die Dusche hüpfst, um den Luxuskörper auf die Gesellschaft angemessen vorzubereiten, hält man es als Pilger andersherum.

Hier ein Musterablauf:

Aufstehen – Sanitärbedürfnisse – Katzenwäsche Füße imprägnieren (Fußcreme!)- Socken in Form zupfen – anziehen – Rucksack zusammenräumen – nochmal gucken, ob man nix vergessen hat – mit Schwung losmarschieren bis zur nächsten Kneipe/Bar – Frühstück – Wasser für unterwegs nachfüllen – noch einen Kaffee bestellen und dazu eine rauchen (nicht verpflichtend!) – 5-6 km wandern – Zigarettenpause, weiter wandern – zweite Zigarettenpause nach ca. 5 km – das Schema wiederholt sich bis du wieder Hunger hast oder es Mittag wird – ein Stündchen Mittagspause – das Schema vom Vormittag: Wandern-Pause-weiterwandern - wiederholen bis du an deinem Etappenziel ankommst – und dann – einchecken in der Herberge – Bett beziehen – sich einrichten – Duschen – ausgiebige Pflege des Pilgerkörpers – ein Bierchen trinken (oder was auch immer) – sich mit anderen Pilgern sozialisieren, aufs Abendessen warten, merken, dass man richtig Hunger hat, Nahrungs- aufnahme, weiteres Sozialisieren – gemeinsamer Konsum bewusstseinserweiternder Substanzen mit anderen Pilgern – schlafen.

Die möglichen Unannehmlichkeiten

Den folgenden Abschnitt habe ich meinem Buch „Ohne Schmerz kein Halleluja" entnommen, da ich hier schon alles, was ich dazu weiß, aufgeschrieben habe.

Blasen an den Füßen:

Die beste Art und Weise mit einer Blase umzugehen, ist: sie zu vermeiden. Fußpflege vor und während des Camino ist das A und O.

Folgende Tipps helfen Blasen zu vermeiden:

Es muss nicht immer Hirschtalgcreme sein, eine gute Fußpflegecreme, Mandelöl, Urea-Creme, Vaseline oder sogar Wick-Vaporub sind ebenfalls gut geeignet die Füße geschmeidig zu halten. Zweimal täglich während des Wegs die Füße eincremen hilft ungemein. Pilger, die morgens, bevor sie aufbrechen, duschen oder unterwegs die Füße in einem Bach abkühlen, brauchen sich über Blasen nicht zu wundern. Feuchte Füße werfen schneller Blasen als Asphalt in der Mittagssonne.

Qualitätssocken und gute, bequeme, gut eingelaufene Schuhe sind ein weitere Plus-Punkt. Angeblich, ich selbst habe es nie getestet, soll ein

Paar dünne (Nylon)Söckchen über die man dann die Wandersocken zieht, vor Blasen schützen. Die physikalische Erklärung hierfür lautet, dass die Reibung zwischen den beiden Socken und nicht zwischen Socke und Fuß stattfindet. Da Physik nie mein Lieblingsfach war und Nylonsocken mir einfach nicht stehen, kann ich diese Empfehlung weder bestätigen noch davon abraten. Wie schon einmal erwähnt:

Ein sauberer, gepflegter Fuß ist meistens auch blasenfrei. Wenn Du nun wirklich Blasen bekommen hast: die kleinen Reibungsbläschen, die sich nicht direkt unter dem Fuß befinden, sondern eher rund um die Zehen, einfach ab pflastern, z.B. mit einem Blasenpflaster. Blasenpflaster sind toll, aber nur für diese kleinen Bläschen. Bei großen Blasen, besonders bei solchen unter dem Fuß, muss man anders vorgehen. Vorsichtig punktieren. Die Flüssigkeit abtropfen lassen oder sachte herausdrücken. Auf keinen Fall die Haut entfernen! Sanft desinfizieren mit Jodlösung, medizinischem Alkohol oder Desinfektions-Spray, ein normales Pflaster so auftragen, dass die Wundfläche auf keinen Fall mit der Klebfläche des Pflasters in Berührung kommt und, wenn nötig, zum Schutz noch mit einem Tape oder Mullverband versehen. Wenig auftreten und die ganze Sache abheilen lassen.

Wer sich unsicher ist: in vielen Albergue kennt man sich mit Blasen aus. Blasendoktor ist ein aufstrebender Berufszweig entlang des Camino.

Bettwanzen

Die einzigen Menschen, die ein nahezu inniges Verhältnis zu Bettwanzen pflegen, sind angeblich gebürtige New Yorker. Für den Rest der Welt gelten die nun folgenden Informationen. Bettwanzen sind lästig, aber nicht lebensbedrohlich. Meistens zumindest.

Allergiker können eine Ausnahme bilden. In so einem Fall hilft Cortison. Meistens. Wanzen sind schwer zu töten und fast schon immun gegen Chemie jeglicher Art. Bis auf DDT und das ist seit den 60ern wegen der üblen Nebenwirkungen verboten. Wanzen sind reisefreudig, aber faul. Sie lassen sich daher gern im Pilgergepäck von Herberge zu Herberge tragen.

Ähnlich wie andere lichtscheue Elemente drücken sie sich gern in dunklen Ecken und

Nischen herum. Die Unterseite und das Innere einer Matratze sind ein potentieller Lebensraum für die Bettwanze. Was kann man also tun, um das Problem so weit wie möglich zu vermeiden? Herbergen, die mit Kunststoff- oder Metallbetten ausgestattet sind, ziehen zwar auch nicht weniger Wanzen an, als die mit den Holzbetten, bieten aber weniger Tummelplatz für die Käferchen. Metallbetten bieten schon mal kein so großes Versteckpotential wie ein Holzbett. Keine Ritze – keine Wanze. Je beliebter ein Bett in der Herberge ist, desto höher ist das Wanzenrisiko. Du kennst das sicher: alles was die Masse offensichtlich anzieht, begünstigt auch die Nebenwirkungen. Es ist wie mit den Mauerblümchen. Weiterhin solltest Du versuchen, den Kontakt von deinem Rucksack mit den Etagenbetten zu vermeiden. Wer nicht zur Höhenangst neigt, sollte oben liegen. Das untere Bett wird meist früher verwanzt als das obere. Je weniger Körperteile unbedeckt sind, desto besser. Ein guter Grund für ein Seiden Inlett, das die Wanzen zusätzlich vom Körper fernhält. Insektizide (und die meisten funktionieren nur bedingt) sollte man mit

Sorgfalt aussuchen und am besten zuhause bereits den Schlafsack oder das Inlett imprägnieren. Auf gar keinen Fall sollte jemand auf die abenteuerliche Idee kommen im Schlafsaal Insektizid zu versprühen. Es ist schwer zu sagen wer Dich in so einem Fall zuerst in den Hintern tritt: Der Hospitaleiro oder Deine Mitpilger. Denk daran: Die Wahrscheinlichkeit nicht gebissen zu werden, ist relativ groß. Selbst in Herbergen, in denen ganz offensichtlich Bettwanzen daheim sind, stehen etliche Pilger, am nächsten Morgen, vollkommen unbeknabbert auf. Manche Leute werden einfach nie gebissen. Es besteht also kein Grund zur Panik. Wanzenbisse sind leicht erkennbar. Wanzen stehen auf Geometrie. Ihre Stiche verlaufen für gewöhnlich in einer geraden Linie. Sind die Stiche kreuz und quer, ist entweder ein Schwarm Moskitos über Dich hergefallen oder Du hast Flöhe. Auch das wäre nur ein temporäres Ärgernis. Wenn es zu arg juckt, besorg Dir in der Apotheke Cortison Salbe. Bettwanzen sterben bei Hitze. Wenn du also den Verdacht hast, Deine Sachen sind infiltriert: Pack alles in eine Waschmaschine und / oder einen Trockner.

Wenn beides nicht greifbar sein sollte und es gerade sommerlich heiß ist, pack deinen Rucksack in einen schwarzen Müllbeutel und lass die Viecher darin vor sich hin schmoren. Zumindest bis Du die Chance auf eine Waschmaschine hast. Eins steht fest: Hauptsaison ist Wanzenzeit. Im Frühling hingegen ist das Risiko noch ziemlich niedrig. Versuche möglichst die herbergseigenen (Woll)decken zu meiden. Der eigene Schlafsack ist und bleibt dein bester Schutz und dein Zuhause unterwegs.

Zu guter Letzt – Kann man sich körperlich auf den Camino vorbereiten?
Jein! Nicht jeder, der den Camino zum ersten Mal geht, ist top in Form oder Wandererfahren. Ganz im Gegenteil. Und die Frage, die sich mir gestellt hat und die mir danach gestellt wurde, lautet:
"Wie kann man sich darauf vorbereiten? Wie dafür trainieren?"
Mein Trainer in meinem Fitness-Studio hat mich das auch gefragt. Und der ist einer von der sehr sportlich-muskulösen Sorte. Im Gespräch kamen

wir darauf, dass, neben dem Training von Ausdauer (was an sich ja logisch ist) einige Muskelgruppen klar im Vordergrund der Belastung beim Fernwandern stehen.

Von oben nach unten betrachtet, sind das:

die Nacken und Schultermuskeln, die obere und untere Rückenmuskulatur, als Antagonisten die Brustmuskeln und Bauchmuskeln und die Gesäßmuskulatur, gefolgt von den Oberschenkel und Wadenmuskeln.

Obwohl ein Großteil der Belastung beim Wandern Po und Beine betrifft, steht ein Training für diese Region nicht im Vordergrund.

Am wichtigsten sind die Hals und Rücken-muskeln, sowie der Bauch. Hals und Rücken sorgen für Stabilität und gut trainiert können sie eine schwache oder verkrümmte Wirbelsäule austarieren. Mal abgesehen davon, dass ein trainierter Kopfwender nicht so leicht unter Belastung verkrampft. Der Po (Glutaeus maximus) ist der größte Muskel im menschlichen Körper und sorgt für Stabilität und entlastet Hüfte und Beine.

Eine kräftige Wade und Oberschenkel helfen Knieprobleme zu vermeiden. Je mehr wir mit den Muskeln tun, desto weniger verschleißen wir unsere Knochen.

Ein intensives Muskelaufbautraining ist dabei gar nicht nötig. Muskel -AUSDAUER heißt das Zauberwort und das kann man in fast jedem Alter problemlos trainieren.

Und das war's.

Mehr muss man im Vorfeld nicht wissen.

Alles weitere findest du vor Ort, auf deinem Camino heraus.

Und jetzt bleibt mir nur noch eines übrig:

Dir viel Freude bei der Planung, Vorbereitung und natürlich bei deinem Camino zu wünschen.

Buen Camino!

Links zum Thema Anreise und Planung:

www.rome2rio.com   Reiseplanung

www.thetrainline.com Zugfahrpläne

www.skyscanner.de   Flüge buchen

www.fluege.de

www.bahn.de

https://de.oui.sncf/de/ Frankreichs Zugbuchungen

https://www.renfe.com/EN/viajeros/

Zugbuchungen in Spanien

www.alsa.es/en/ Busse/Fernbusse in Spanien

http://www.monbus.es/en (Busgesellschaft Ziel: Ferrol z.b.)

https://www.busbud.com/de Busse buchen

www.busliniensuche.de

Links zum Thema Übernachtung:

www.booking.com

www.hrs.de

www.agoda.com

https://www.yourspainhostel.com/

Nützliche Websites

http://jakobus-info.de/

www.gronze.com

www.knudthedude.de

http://www.spanischer-jakobsweg.de

Corona

Für Galicien:

https://coronavirus.sergas.gal/viaxeiros/?ling=en

Auswärtiges Amt:

https://www.auswaertiges-amt.de/de/ReiseUndSicherheit

Apps

Es ist am einfachsten, Du gehst in deinen Appstore online und gibst deinen Suchbegriff ein. Camino Frances z.B.

Ich nutze derzeit folgende Apps, die ich auch empfehlen kann:

Wise Pilgrim oder Wisely

Camino Frances

Jakobsweg von Buen Camino

CovPass App (Optimal für das digitale Impfzertifikat auch auf Reisen)

Links für Pilgerausweise/Credenciale, spezifische Pilgerinfos, Guides etc. und das Pilgerbüro in Santiago und die Jakobusgesellschaften

Unter vielen der Jakobsweg-Gesellschaften findet Ihr online auch gutes Material über Herbergen, Wegbeschreibungen usw. usw.

https://oficinadelperegrino.com/en/

https://www.jakobus-franken.de/

www.jakobusfreunde-paderborn.eu

https://deutsche-jakobus-gesellschaft.de

https://www.pilgern-schwaben.de/

http://www.jbb1496.de/

http://www.jakobusgesellschaft-berlin-brandenburg.de

https://badische-jakobusgesellschaft.de/

http://www.jakobusgemeinschaft.de/

http://www.jakobusgesellschaft.eu

http://www.jakobusweg-sachsen-anhalt.de/

http://www.jakobusbruderschaft.de/

http://www.sjb-trier.de/

http://www.jakobsbruderschaft.at/

http://www.jakobusgemeinschaft.at/

http://www.jakobusweg.ch/

Facebook Gruppen zum Thema Camino

Jakobsweg-Hilfe bei Anreise und Planung

Unterwegs auf Jakobswegen

Jakobsweg Veteranen

Camino Ingles Info

Camino del Norte

Pilgern in Deutschland

Camino Primitivo

Jakobswege in aller Welt

Jakobsweg

Jakobswege in Deutschland

Camino Portuguese

Natürlich ist diese Liste absolut unvollständig, täglich entstehen neue Gruppen und es gibt auch derzeit noch einige mehr. Aber diese kann ich empfehlen.

Wichtige Orte zur Orientierung in Santiago

Touristeninformation:

Rúa do Vilar 35

Pilgerbüro:

Rúa Carretas, nº33

Busbahnhof:

Praza de Camilo Díaz Baliño, 2

Bahnhof:

Avenida de Lugo

Der Autor:

Knud Hammerschmidt, Jahrgang 1963, lebt in München und kennt einige Jakobswege aus eigener Erfahrung.

Als Admin mehrerer Facebook Gruppen zum Thema Camino betreut er Pilgerinteressierte und Pilger seit 2012.

Weitere Veröffentlichungen:

Ohne Schmerz kein Halleluja (2012)

Dude looks like a Pilgrim (2015)

Das Lächeln am Rand der Welt. (Roman, 2020)

Seven Songs of Summer (Kurzgeschichten, 2021)

Website:

www.knudthedude.de

Bücher, signiert und gerne auch mit Widmung, findest Du dort ebenfalls. Ansonsten gibt es jedes der Bücher im bekannten Onlinehandel zu bestellen. Von Apple über Amazon bis hin zu Thalia, Hugendubel usw.

Und wenn Du Dir lieber etwas vorlesen lässt:
Das Lächeln am Rand der Welt gibt es auch als Hörbuch.
Bei Apple, Spotify, Thalia, Deezer, Bookbeat usw.

Seven
Songs of Summer

Knud Hammerschmidt

Knud Hammerschmidt

Das Lächeln am Rand der Welt

Eine Camino Rhapsodie

Knud Hammerschmidt

Ohne Schmerz -
Kein Halleluja

Der Jakobsweg für Einsteiger. Von
Leon bis Santiago de Compostela